Liebe Leserin, lieber Leser,

Männlein trifft Weiblein - zwei Welten, und dennoch durchaus amüsant. Gedichte über diese unterschiedlichen Lebenswelten zu machen war der Antrieb für diesen neuen Gedichtband.

Ich wünsche Ihnen viel Spaß damit.

Ihre

Heike Boeke

Heike Boeke

Gedichte Mann und Frau

Bibliografische Information der Deutschen Nationalbibliothek:
Die Deutsche Nationalbibliothek verzeichnet diese Publikation in der Deutschen Nationalbibliografie; detaillierte bibliografische Daten sind im Internet über http://dnb.dnb.de abrufbar.

Herstellung und Verlag: BoD – Books on Demand, Norderstedt

ISBN:9783749447336

Inhalt

Oft denkt man ich bin so klein,
auf den Boden krieg kein Bein.

Doch nicht alles stimmt daran,
ändern man sehr Vieles kann.

Manchmal ist des hart,
denn das Leben ist nicht smart.

Andre machen es oft schwer,
und belasten dich gar sehr.

Manchmal fehlt es auch an Kraft,
dass man es allein nicht schafft.

Doch chancenlos man niemals ist,
wenn man den Mut nicht schnell vergisst.

Die Welt dir offen steht sodann,
nicht nur ein Mann es schaffen kann.

Soll Quote denn tatsächlich her,
damit die Macht der Frauen mehr?

Macht´s Sinn wie Mann zu treten auf?
Nimmst Lebenszeit dafür in Kauf!

Ist´s so toll zu sein ganz oben,
wo mitunter Kriege toben?

Verbieg dich nicht für solche Macht,
denn wenig man da oben lacht.

Die Luft kann dünn mitunter sein,
und Freunde sind meist nur ein Schein.

Drum überleg was ist dein Ziel,
nicht nur verdienen Geld ganz viel.

Wenn antrittst geben Männerbünde,
musst haben schon gewichte Gründe.

Verändern willst so manches Denken,
und Blick von Indexzahlen lenken.

Einen Sinn macht nur die Quote,
wenn du gibst ihr eigne Note.

Männer sprechen meist vom Ball,
begleitet oft vom Wutanfall.

Wie konnt der Trainer solche Luschen,
die langsam durch das Spielfeld huschen,
wie konnt er sowas wählen aus?
Das anzusehen ist ein Graus!

Und dann noch so ne Spielaufstellung,
gerad Maier mit der Wadenprellung.

Dann stand die Sonne auch noch tief,
als Müller flink zum Tor hin lief.

Die Gegner waren zudem Flaschen,
die konnt man stecken in die Taschen.

Und trotzdem haben wir verloren!
So schallt es laut in allen Ohren.

Was hat Mann doch für Energie,
zu Hause findet man die nie.

Da liegt der Mann erschöpft danieder,
die Frau kann singen dazu Lieder.

Wenn Mann geht in die Einkaufswelt,
dann muss er haben ganz viel Geld.

Am Markt da ist das neuste Handy
noch teurer als die Tasch von Fendi.

Die Technik fasziniert den Mann,
dass er nicht lassen davon kann.

In der Wohnung ist kaum Platz,
doch findet er nen neuen Schatz.

Doch das Menü von manchem Teil,
kommt manchem vor wie Schrift in Braille.

Mann dreht an manchem Knopf herum,
und fühlt sich dabei ganz schön dumm.

Die Technik hat so ihre Tücken
und mancher Mann auch Wissenslücken.

Wie weit sind wir gekommen hier,
wo zählt das ich und nicht das wir.

Wo Egoismus Blüten treibt,
man daher Frauenparkplatz schreibt.

Damit die Frau die schleppt heran,
was essen kann zu Haus der Mann,
nicht parken muss am End der Welt,
das Auto wird vorn abgestellt.

Damit man parkt im hellen Schein,
und bricht sich nicht sogleich ein Bein.

Doch Frauen bräuchten sowas nicht,
wenn Rücksichtnahme wäre Pflicht.

Wenn sie bewegen könnt sich frei,
Geschlechterrolle einerlei.

Die Uhr, sie tickt laut vor sich hin.
Als Mutter jetzt geeignet bin?

Ich will doch noch so viel erleben,
will auch nach Höherem noch streben.

Ein Kind jedoch würd Freude bringen,
mit ihm ich könnte Lieder singen.

Doch wär ich dann gebunden fest,
weil Kind mich aus dem Haus nicht lässt.

Von Ort zu Ort ich würde hetzen,
kaum hätt ich Zeit mich hinzusetzen.

Doch andererseits ein Kinderlachen,
gemeinsam baun nen bunten Drachen.
Zu sehen wie da was entsteht
und Freud in meinem Herzen sät.

Doch bin ich innerlich zerrissen.
Werd ich es denn so sehr vermissen?

So denk ich täglich für mich neu,
und hoff nicht, dass ich es bereu.

Am Bart da scheiden sich die Geister,
doch gibt es durchaus darin Meister.

Wenn er geschnitten und gekämmt,
ist Mann mit Bart gar nicht so fremd.

Ganz maskulin kommt er daher,
sich abzuwenden fällt dann schwer.

Schad, dass der Bart ist gerade out,
viel schöner oft, als nackte Haut.

Mein Partner der hat keine Lust,
drum schieb ich echt jetzt einen Frust.

Ich wollt so gerne tanzen gehen,
und nicht mit einem Glas dastehen.

Jedoch bekomm ihn nicht dazu,
auch wenn ich noch so bitten tu.

Ein Stock ist gar nichts gegen ihn,
denn steif ist er auch in den Knien.

Zum Tanzkurs schlepp ich ihn daher,
damit das Tanzen fällt nicht schwer.

Ich schau hinein und seh voll Schreck,
zu drücken hat jetzt nicht viel Zweck.

Ne Lücke, die find ich nicht mehr,
auch wenn ich suche noch so sehr.

Ich ziehe eine Hose raus.
"Was für ne Farbe! ", denk voll Graus.

Und diese Bluse, ach du je,
ich jetzt mit andren Augen seh.

Was hat sich da nur angesammelt,
das jetzt im Schrank so vor sich gammelt!

Ich denk jetzt, das muss alles weg,
es flink in eine Tüte steck.

Wie leer ist´s plötzlich, denk ich nun.
Jetzt hab ich wieder was zu tun.

Ich pack die Tasche, nehm mein Geld,
und hab gleich Neues her bestellt.

Der Schrank ist wieder mächtig voll.
Die Einkaufstour war wieder toll!

Ich steh vorm Spiegel, bin frustriert,
ein Schreckgespenst entgegen stiert.

Die Augen müd, grau ist die Haut,
gar Falte hat sich aufgebaut.

Was mach ich nur ich armes Weib?
Mir Tränen aus den Augen reib.

Ich schau auf Tiegel, Töpfe, Schminke.
Erschöpft ich jetzt zu Boden sinke.

Doch Jammern, das hat keinen Zweck,
ich Finger in den Tiegel steck.

Es wird gecremt und parfümiert,
und Schminke meine Augen ziert.

Doch schau ich sichtlich besser aus.
Jetzt kann ich aus der Tür hinaus.

Rasenmähen

Bis an die Wade wächst das Gras,
denn Rasenmähen macht nicht Spaß.

Nur, wenn die Technik ganz modern,
dann ist der Mann meist nicht so fern.

Von selbst am besten fährt das Teil,
besonders wenn der Hang so steil.

Dann kann er in der Sonne liegen,
ein Glas in seinen Händen wiegen.

Elektrisch muss es daher sein,
damit das mähen keine Pein.

Mülleimer

Er steht im Gang und harrt der Dinge,
dass man ihn vor die Türe bringe.

Der Mann läuft achtlos dran vorüber,
bis das die Frau lässt einen Schrei.

Warum soll ich nur immer gehen,
und du lässt ihn ganz einfach stehen?

Denn Müll den machst genauso hier,
der Müll ist daher auch dein Bier!

So schlappt er murrend jetzt hinaus,
denn Müll entsorgen ihm ein Graus.

Zu Höherem ist doch sein Trachten,
als Müll nach draußen zu verfrachten.

Drum auch beim nächsten Mal es schallt:
"Mach vor dem Müll nicht wieder Halt!"

Gleichberechtigung

Berechtigung für gleiche Löhne,
schon hört man es, das laut Gestöhne.

Vor Zeiten war es noch viel schlimmer,
das Recht der Frau war nur ein Schimmer.

Der Mann entschied was sie dürft machen,
Frauenrecht war was zum Lachen.

Verträge schließen, nen Job gar suchen,
mit eignem Geld den Urlaub buchen.

Doch was sind Frauenrechte wert,
wenn gegen Unrecht sich nicht wehrt?

Drum kämpft nicht für die falschen Sachen,
bei denen Männer herzhaft lachen.

Für gleichen Lohn und gleiches Recht,
ihr Fraun mit lauter Stimme sprecht.

Die Kinder, die ihr habt geboren,
versorgt auch von dem eignen Mann.
Und gute Arbeit nicht verloren,
wenn er nicht wen´ger verdienen kann.

Gesund will Frau sich stets ernähren,
drum Müsli isst sie mit viel Beeren.

Der Mann jedoch, der will das nicht,
will üben doch nicht so Verzicht.

Gesundes Essen denkt sie auch,
lässt schwinden endlich seinen Bauch.

Doch seine Meinung die steht fest,
das Essen sich nicht nehmen lässt.

Vergebens daher ihr Bestreben,
für ein gesundes langes Leben.

Toilettenrolle

Und wieder ist sie gänzlich leer!

Warum es fällt ihm denn so schwer,
flink anzubringen eine Neue,
damit die Frau sich drüber freue?!

Tatsächlich glaubt er offenbar,
das Heinzelmännchen ist noch da.

Doch glaub mir lieber Ehemann,
ein Heinzelmännchen das nicht kann.

Von käsigem Geruch umweht,
sie vor der Waschmaschine steht.

Mein Gott, was hat der Mann gemacht,
dass solche Socken mitgebracht?

So sportlich ist er doch nicht mehr,
dass zu glauben fällt mir schwer.

Er sagt, er ist heut viel gelaufen
und konnte kaum auch noch verschnaufen.

Naja, was solls es muss wohl sein,
ich werf geschwind sie dort hinein.

Mal sehn wie lang es braucht und wann,
ich waschen sie dann wieder kann.

Einparken

Fürs Auto einen Platz sucht man ,
wo man es sicher parken kann.

Da vorne denkt man, die müsst passen,
die müsst das Auto in sich lassen.

Man dreht das Lenkrad heftig ein,
doch nein, es passt doch nicht hinein.

Juche , da sieht man eine breite,
die hat bestimmt die richtge Weite.

 Der Blinker wird gesetzt geschwind,
hineingefahren wie der Wind.

Sie quetscht sich nicht in Ritzen schmal,
wenn sie doch hat ne bessre Wahl.

Verdunkeln tut der Himmel sich,
wenn morgens ich erblicke mich.

Wenn Mann mich dann noch blöd anmacht,
was ich den ganzen Tag gemacht,
dann fahr ich ganz schnell aus der Haut
und schönster Tag ist dann versaut.

Dann gibt es Tage voller Licht,
an dem so gar nichts mich anficht.

Dann kann ´s vom Himmel Katzen regnen,
sogar der Chef mir noch begegnen.

Dann schau ich fröhlich in die Welt,
kein Spinner mir den Weg verstellt.

Wie oft schon wurde es erwähnt,
dass Mann mitunter herzhaft gähnt.

Sitzt du oder stehst du doch?
Emanzipiert bist du dann noch.

Denn kein Appell an die Hygiene,
und das die Frau zeigt ihm die Zähne,
kein Widerstand kann brechen ihn,
den Zahn, den kann sie sich gleich ziehn.

Doch wenn der Wischmopp in der Hand,
die letzte Bastion verschwand.

Entschlossen setzt er sich jetzt hin,
denn Widerstand hat keinen Sinn.

Ein Tag im Jahr den sollt Mann merken,
angeblich Liebe soll verstärken.

Für Blumenläden ein Geschäft,
dort Männer ihr zu Hauf antrefft.

Doch besser ist´s wenn täglich merkt,
was eure Liebe mehr verstärkt.

Gemeinsam etwas unternehmen,
sich Zeit auch füreinander nehmen.

Gespräche führen und viel lachen,
zu machen auch mal dumme Sachen.

Nicht vor der Glotze nur zu sitzen,
vielleicht beim Sport gemeinsam schwitzen.

Pläne für die Zukunft schmieden,
dann Blumenkauf er wird vermieden.

Schmuck

Gestern sah ich einen goldnen Ring,
als ich auf nen Schmuckmarkt ging.

Besetzt mit einem gelben Diamant,
solch Schönheit hab ich nie gekannt.

Der Preis jedoch, der schmiss mich um,
dafür müsst schaffen ich mich krumm.

Ein Traum er blieb für mich daher,
ich ging davon, mein Herz war schwer.

Dekorieren möcht ich heut,
bunter Tand mich jetzt erfreut.

Bunte Sträuße, schöne Vasen
und noch weiße Osterhasen.

Schleifen, Kissen und noch mehr,
dekorieren lieb ich sehr.

Firlefanz, das sagt mein Mann,
den man nicht gebrauchen kann.

Doch wie bunt und fröhlich ist´s,
auch wenn der Mann macht einen Witz.

Dekorieren das ist herrlich,
und auf keinen Fall entbehrlich.

Männerschnupfen

Er liegt im Bett und atmet schwer,
kein Lebenshauch ist in ihm mehr.

Ein Virus die Macht ergriffen hat,
jetzt liegt er da und ist Schachmatt.

Es schüttelt ihn, der Kopf tut weh,
und schaut so wie ein waidwund Reh.

Drum braucht er alle Liebe jetzt,
ans Bett hab ich mich hingesetzt.

Gepflegt, verwöhnt und eingerieben,
geholt was Arzt ihm hat verschrieben.

Dann als er endlich wieder fit,
die Frau nun an dem Virus litt.

Doch er sagt dann, so schlimm ist´s nicht,
macht Türe zu und löscht das Licht.

Die Hand am Lenker, Knopf im Ohr,
der Motor dröhnt aus vollem Rohr.

King of the route und ganz beseelt,
nichts mehr zum großen Glück ihm fehlt.

Für ihn die Straße Freiheit ist,
und manchen Ärger er vergisst.

Doch leider gibt es oft nen Stau,
und mancher Fahrer ist der Gau.

Besonders Frauen sind ein Graus,
die kommen aus dem Quark nicht raus.

Denn ohne Zweifel Männer sind,
beim Autofahren wie ein Kind.

Es zählt Ps und Schnelligkeit,
denn sie bedient die Eitelkeit.

Es zählt die Farbe und die Größe,
damit er andren Furcht einflöße.

Bequem soll's sein, das sagt der Mann,
ansonsten man's nicht kaufen kann.

Auch muss es groß sein und aus Leder,
der Schrank soll sein aus dunkler Zeder.

Als Frau möcht ich's jedoch grazil ,
und helle Farben sind mein Stil.

Wie kann man da zusammenkommen?
Verkäufer fragt sich ganz benommen.

Die Frage ist, wer setzt sich durch,
und wer am Ende ist der Lurch.

Ein neues Auto, das muss her,
die Wahl jedoch, die ist recht schwer.

Recht leicht die Farbe, denkt er sich,
jedoch Familie macht nen Strich.

Was Gelbes gern die Kinder wollen,
mein Wunsch nach Silber - Donnergrollen.

Die Frau möcht gern ein Ton in Blau,
mit Grau zu kommen mich nicht trau.

Am Ende ist es weiß wie Schnee,
auf dem ich jeden Kratzer seh.

PS die denkt man, die sind wichtig,
die Kinder finden das auch richtig.

Vernunft spricht aus dem Frauenmund,
zu fahren schnell ist nicht gesund.

Jetzt geht´s dann noch um den Komfort,
doch Sicherheit, die geht halt vor.

Am Ende war´ nicht was ich wollte,
vermieden hab jedoch Revolte.

Nen dicken Wagen nennt sein eigen,
will schließlich doch was Großes zeigen.

Der Schritt ist breit die Brust noch breiter,
steht fest auf der Karriereleiter.

Wie Gockelhahn führt er sich auf,
denn Geld hat er wie Mist zu Hauf.

Doch lieber Mann, das nicht nur zählt,
wenn Frau sich einen Mann auswählt.

Humor und schöne Hände sind,
oft besser wie nur Luft und Wind.

Zu nehmen sich nicht allzu ernst,
und das du auch was Neues lernst.

Das zählt oft mehr als ganz viel Geld,
das Inflation zum Opfer fällt.

Er sieht so aus wie kleines Huhn,
für den man meint, man muss viel tun.

Die Wirklichkeit jedoch zeigt meist,
dass er auf anderer Meinung scheißt.

Er macht auf lieb und ist so link,
und zieht dich übern Tisch ganz flink.

Er läuft im Strickpullover rum,
und stellt sich öfters einfach dumm.

Drum liebe Frau gib daher acht,
er zieht dich übern Tisch ganz sacht.

Handwerker

Nicht jeder Mann Handwerker ist,
auch wenn das schmerzlich oft vermisst.

Er kann meist tolle Reden schwingen,
als Nagel in die Wand zu bringen.

Sein Hobbyraum voll toller Sachen.
Meist kann er damit gar nichts machen.

Doch oft kennt er nen guten Mann,
der es dann doch viel besser kann.

Ich schau hinein und bin erschlagen!
Hineinzugehen kann ich´s wagen?

Die Werkbank wie ein Kirchaltar,
Regale voller Inventar.

Da gibt es Schrauben, Haken, Ösen,
mit ihnen kann Probleme lösen.

Welch Paradies für einen Mann,
der noch dazu gut basteln kann.

Hausdrachen

Möcht so gerne einfach liegen,
und den schlimmen Tag besiegen.

Zu Haus jedoch da wartet sie,
und gute Laune hat sie nie.

Sie meckert, motzt und rebelliert,
und die Geduld sie leicht verliert.

Sie schnattert heftig auf mich ein,
kaum das gesetzt zur Tür ein Bein.

Ach, wenn ich einmal Ruhe hätt,
und sie wär doch zu mir mal nett.

Drum lieber in die Kneipe eile,
weil ja zu Haus sind giftge Pfeile.

Kinder kriegen ist nicht schwer,
sie erziehen um so mehr.

Manchen Nerv man lässt dabei,
auch ist man jetzt nicht mehr frei.

Wenn zudem nicht immer einig,
ist der Weg auch noch sehr steinig.

Dem Filius grade was verboten,
weil er gebracht hat schlechte Noten,
da kommt der Vater her geschwind,
und sagt:"Mach doch nicht so viel an Wind!"

" Der Knabe wird es schon noch raffen,
und auch das Abitur noch schaffen."

Die Mutter ist nur noch genervt,
Erziehungsfrust ward jetzt verschärft.

Der Knabe grinsend eilt hinaus,
und Stunk er hinterlässt im Haus.

Am Grill fühlt Mann sich noch als Mann,
wo Qualität sich zeigen kann.

Denn Grillen, das ist Urgewalt,
wenn Feuer auf die Nahrung knallt.

Es brutzelt, zischt und rebelliert,
der Mann die Fassung nicht verliert.

Angekohlt riecht´s und verbrannt,
gewendet wird mit flinker Hand.

Das Fett läuft jetzt durch alle Ritzen,
gewaltig fängt er an zu schwitzen.

Es ist vollbracht, das Steak ist gar,
der Mann fühlt sich jetzt wie ein Star.

Es gibt inzwischen Küchen hier,
die sind der helle Wahnsinn mir.

Ganz futuristisch digital,
mit Tasten tausendfach an Wahl.

Umrahmt mit leuchtend bunten Streifen,
ich kann es manchmal nicht begreifen.

Ein Abzug laut wie´n Düsenjet,
ein wenig leiser wär auch nett.

Mein Mann jedoch, der wollte die,
obwohl gekocht so gut wie nie.

Die Küche daher jetzt sein Reich,
für mich sind alle Knöpfe gleich.

Gezerrt hab ich seit einer Woch,
geredet ihm im Kopf ein Loch.

Denn ins Theater möcht ich gehen,
Othello möcht ich gerne sehen.

Der erste Akt, er schläft gleich ein,
ich stupf ihn an mit meinem Bein.

Der zweite Akt, er gähnt gewaltig,
die Stirn legt sich bei mir ganz faltig.

Der dritte Akt, jetzt knurrt sein Magen,
zu drehen um kann mich nicht wagen.

Der viert Akt, jetzt schnarcht er noch,
vor Wut ich innerlich schon koch.

Der fünfte Akt, es reicht mir jetzt,
gegangen bin zu guter Letzt.

Ich schwör, ich frag ihn niemals mehr,
wenn es auch fällt mir äußerst schwer.

Theater ist nicht seine Sache,
am End ich dennoch herzhaft lache.

Gefühle drückt er wenig aus,
Gefühle sind ihm ja ein Graus.

Gefühle kennt er nicht als Mann,
Gefühl ausdrücken er nicht kann.

Was soll auch das für Nutzen haben,
in den Gefühlen rumzugraben?

Welch Sinn sieht sie in diesem Spiel,
bei dem gewinnen kann nicht viel?

Er ist vielmehr für klaren Stil,
von diesem Quatsch drum hält nicht viel.

Gefühle die sind was für Frauen,
die sich zu weinen auch noch trauen.

Die Sportschau sie ist Pflichttermin,
dort darf man stören niemals ihn.

Denn dort lehrt man was Kampfgeist ist,
und echten Schmerz man schnell vergisst.

Beim Sport wird Teamgeist auch belohnt,
wenn man den Kameraden schont.

Das echte Leben, das ist Sport,
für ihn jedoch, da ist es Mord.

Drum lieber auf dem Sofa liegt,
und sieht wie seine Mannschaft siegt.

Er schwitzt und ruft sie sollen machen,
bis das die armen Knochen krachen.

Er selbst jedoch, meist schlapp ist er,
und fühlt sich ausgebrannt und leer.

In Schwung die Sportschau ihn stets bringt,
denn er dann mit dem Gegner ringt.

Gekauft hat er ein neu Gerät,
doch Update nun sogleich ansteht.

Nix gibt es mehr mechanisch klar,
wie schön die alte Zeit doch war.

Jetzt steht er fluchend vor dem Teil,
die Nerven sind an einem Seil.

Wie oft denn muss ich weiter klicken,
und eine Antwort darauf schicken?

Wie oft fragt man denn nach Lizenzen?
Drum die Geduld hat ihre Grenzen!

Jetzt läuft der Balken schon seit Stunden,
weil er was Neues hat gefunden.

Und wenn es endlich ist soweit,
und das Gerät ist jetzt bereit,
dann hat er wenig noch an Lust,
denn Update hat gebracht nur Frust.

Er duscht fast jeden Tag zum Start,
bevor er richtig kommt in Fahrt.

Tropfenstreifen hinterlässt,
von dem flotten Wasserfest.

Nimmt nicht Schieber der da liegt,
der die Streifen flink besiegt.

Frau steht fluchend da und schwitzt,
weil der Kalk jetzt nun festsitzt.

Morgen, denkt sie, steh ich hier,
und dann zeig ich´s Bürschlein dir!

Denn die Spur die du gemacht,
mich zur Weißglut hat gebracht.

Ein Streit kann rütteln an den Nerven,
und Sachen kann man dabei werfen.

Manch Argument das kann erschlagen,
ein Widerwort man kann nicht wagen.

Mit Anstand streiten ist das möglich?
Das wäre dann mal wirklich löblich.

Doch meist da fliegen doch die Fetzen,
die Worte können dann verletzen.

Drum mit Kultur versucht zu streiten,
auf eigner Meinung nicht zu reiten.

Dann kommen Mann und Frau zusammen,
zurück nur bleiben leichte Schrammen.

Autoputz

Wenn´s heilig Blechle schmutzig ist,
der Mann so einiges vergisst.

Denn glänzen muss das Teil wie Speck,
damit erfüllt es seinen Zweck.

Zu zeigen was man unterm Po,
und die PS auch sowieso.

Hoch liegen kann zu Haus der Staub,
auf diesem Ohr da ist er taub.

Da wird gewienert lieber blank,
doch nicht zu Haus der Küchenschrank.

Das Auto ist doch viel mehr wert,
auch wenn die Frau sich laut beschwert.

Carpe Diem sagt man oft,
wenn man auf was Bessres hofft.

Auch wenn die Chance winzig klein,
sie ist nur ein ganz kleiner Schein,
nutz sie, wenn du sie gewahr,
dann du fühlst dich wie ein Star.

Offen steht so manche Tür,
wenn du zeigst dafür Gespür.

Denn die Chance sie ist da,
weil das Augen offen war.

Tapp drum blind nicht durch den Tag,
Chance auf dem Wege lag!

Schauen Sie einmal auf meiner Website vorbei. Hier finden Sie weitere schöne Gedichtbände mit Gedichten zum Lachen und Nachdenken und weitere Veröffentlichungen von mir.

www.heike-boeke.de

Gedichte Mensch

ISBN: 978-3-7460-3383-9

Gedichte zum Schmunzeln

ISBN: 978-3-7460-3090-6

Gedichte Natur

ISBN: 978-3-7460-1687-0

Gedichte Brücken und Wasserspiele

ISBN: 9783752811094

Gedichte Gesundheit

ISBN: 9-783752 849769

Gedichte Licht und Schatten

ISBN: 9783748175155